I
パワーハラスメント防止の基礎知識

まずは、パワーハラスメントについて知ることからスタートです。

1.パワーハラスメントの現状

　パワーハラスメントの相談が増え続けています。総合労働相談コーナーに相談にやってくる人たちの中で、「いじめ・嫌がらせ」に関する相談の件数が最も多くなっています。そしてパワーハラスメントが原因で発症した心の病も増えています。

　厚生労働省の令和5年度職場のハラスメントに関する実態調査では、過去3年間にパワーハラスメントを受けたことがあると回答した従業員は、回答者全体（8,000人）の19.3%でした。また、パワーハラスメントを受けたと感じた人の約37%が誰かに相談するなどの対応を何もしなかったというのです。おもてに現れていないだけで、パワーハラスメントで悩んでいる人は相談件数よりもっと多いということです。

　パワーハラスメントがなかなか減らない背景には何があるのでしょうか？

2. なぜパワーハラスメントが起こるのか

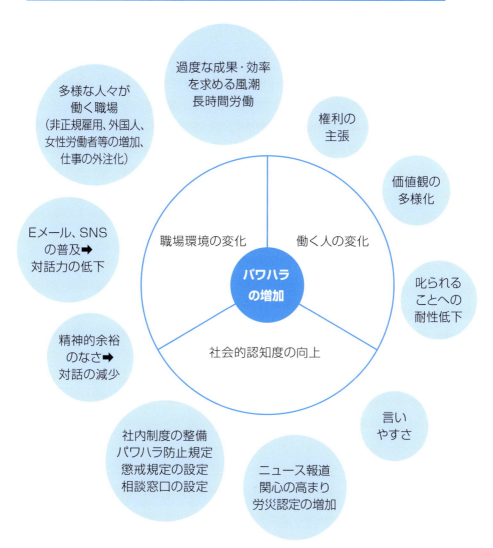

　職場に男性・正社員といった同質の人材が多かった時代は、阿吽の呼吸で物事が進められ、詳細まで丁寧に話し合わなくても意思統一が可能でした。現在は、女性、シニア、外国人、契約社員、派遣社員、パート・アルバイトなど働く人が多様化しています。過去の経験、価値観、文化的背景の異なった人々が一緒に働いています。

また、デジタル機器を使ったEメールやSNSの普及で現代人は生身の人間相手のコミュニケーション力が落ちています。さらに、過度に成果・効率を求められる職場では、働く人がコミュニケーションを取る余裕もなくなっています。

　精神的に余裕のない職場で、あまりコミュニケーションを取らず、様々な価値観を持つ人が一緒に働くと、どうなるでしょう？

　無理解、葛藤、軋轢が生じて、職場の人間関係は悪化します。精神的に余裕のない職場では、理解できない相手に対してパワーハラスメントが起こりやすくなります。パワーハラスメントは特定の個人の問題として捉えるのではなく、職場環境の問題として捉える必要があります。職場の人間関係が良くなるとパワーハラスメントは少なくなります。信頼関係はコミュニケーションの機会・量と比例することがわかっています。

　厚生労働省の調査でも、「上司と部下のコミュニケーションが少ない／ない」という職場の特徴が当てはまると回答した人の割合は、パワーハラスメントを受けた人の方が経験しなかった人に比べて高くなっています。

　職場でのコミュニケーションの機会と量を増やすことが、パワーハラスメントを予防するカギといえます。

■**パワーハラスメント予防のカギ**

対話する機会を増やしましょう！

　多くの職場で働く人に精神的な余裕がなくなってきています。管理職も現場の最前線で働く人もそうです。求められている仕事の量は増え、短期間に成果を求められ、仕事の失敗に対する許容度が少なくなっています。自分に余裕があれば、相手の立場を考えて、冷静に落ち着いて対応することは可能です。しかし、もはや相手の立場になって考える余裕はありません。イライラし、感情的になり、相手を傷つけるということが起こりやすくなります。

　自分も相手も人間として尊重する環境がないと、人は安心して仕事に取り組むことができません。ますます成果が出なくなります。この悪循環を断ちましょう。

　お互いを理解し、認め合うために重要になってくるのは普段のコミュニケーションです。対話する機会を増やしましょう。

【参考】職場のコミュニケーションの現状

職場では、上司と部下は上手くコミュニケーションが取れているのでしょうか？

第4回「職場のコミュニケーションに関する意識調査」結果より

公益財団法人　日本生産性本部　平成29年6月20日発表
〈 課長662名、一般社員1,448名（入社2年目から係長・主任を含む）〉

	そう思う (%)	
	課長	一般社員
業務上のコミュニケーションは取れている	82.5	78.9
業務外での日常のコミュニケーションは取れている	54.5	47.3
職場では有益な情報が共有されている	65.1	52.5
部下が言いたいことを理解している	90.0	
上司はあなたの伝えたいことを理解してくれている		78.8
部下が相談をもちかけてくる方だ	84.0	
上司に相談をもちかける		71.6
部下を褒めている	79.3	
上司はあなたを褒める方だ		59.5
部下を叱ることは育成につながる	89.0	
上司から叱られるとやる気をうしなう		59.4

どうも上司と部下とではコミュニケーションに関して認識のずれがあるようですね。上司は意図したことが部下に伝わっていると思い込んでいる可能性があるので、一方通行ではなく双方向のやり取りをして、伝わったかどうかの確認が必要だということがわかりました。わかりやすい伝え方、効果的な褒め方・叱り方についても学ぶ必要がありますね。

3.なぜパワーハラスメントが問題なのか

パワーハラスメントが起こると、企業・組織や働く人にどのような影響があるのでしょうか?

　増え続けているパワーハラスメントが職場で働く人や企業・組織に与える影響は小さくありません。

① **被害者への影響**
　　人としての尊厳が傷つけられて、働く意欲をなくし、その結果パフォーマンスが低下します。パワーハラスメントが繰り返されると、被害者は「自分が悪いからだ」と思うようになり、自分自身を追い込みます。さらにこのような状態が繰り返されると心の健康を害します。休職、退職に追いやられることも少なくありません。重症の場合は自殺に至るケースもあります。

② **周囲への影響**
　　「次は自分か?」と不安が大きくなります。不安を抱えながら仕事をしてもパフォーマンスは上がりません。また、不健全な職場環境に見切りをつけて優秀な人材が去っていくこともあります。
　　上司がパワーハラスメントをすると、同僚も被害者に対して人格を傷つけるような言動をすることがあります。上司から自分を守るためということもあるでしょう。パワーハラスメント行為が職場で広がると、職場全体に悪影響を及ぼします。

③ **行為者への影響**
　　降格、解雇などの処分を受けます。行為によっては罪に問われることもあります。収入が減り、社会的地位を失います。裁判になれば、訴訟費用や時間が大きな負担としてのしかかってきます。
　　周囲からの信頼も失い、孤立します。行為者自身も自己嫌悪、葛藤、孤独感などで精神的にダメージを受け、仕事のパフォーマンスが低下したり、メンタル不調が心身に大きな悪影響を与えることもあります。

④ 組織への影響

　パワーハラスメントが起きたことが公になると、企業・組織は社会的信用を無くします。長年にわたって築いてきたブランドイメージが一瞬にして失墜し、大きな損失を被ることになります。業績が悪化するだけでなく、一旦ブラック企業のレッテルを貼られると従業員の採用活動にも支障をきたすことになります。組織内においても、解決のための時間と人手を要します。訴訟になれば費用もかかります。損害賠償を請求されれば、多額の損失となります。

　会社には従業員が安全、健康に働けるよう配慮をする義務があります（労働契約法）。パワーハラスメントにより従業員の心身の健康が害されると、会社は安全配慮義務違反が問われます。この安全配慮義務違反が問われるのは会社だけではありません。業務上の指揮監督者も安全配慮義務違反が問われるケースがあります。つまり、行為者の上司である管理職が部下のパワーハラスメント行為について責任を負う可能性があるということです。

- 顧客サービスの低下
- 業績の悪化
- 能力発揮の阻害
- 社会的信用の失墜
- 人材の流出
- 事後処理による時間・労力のロス
- チームワークの乱れによるマネジメント不全
- 管理職の人事管理能力へのマイナス評価

これだけマイナスの影響があるなんて、パワーハラスメントの予防が極めて重要だということがわかりました。

4. 法的責任

　職場においてパワーハラスメントが起こると行為者や企業・組織は以下のような法的責任を負います。

行為者－刑事責任	企業－民事責任
刑法 行為の内容により以下のような罪に問われます。 第204条　傷害 第208条　暴行 第222条　脅迫 第223条　強要 第230条　名誉毀損 第231条　侮辱	**民法** 損害賠償を求められることがあります。 第415条　債務不履行による損害賠償 第709条　不法行為による損害賠償 第715条　使用者等の責任
	労働契約法 第5条　労働者の安全への配慮
	労働安全衛生法 第71条の2　事業者の講ずる措置
行為者－民事責任	**労働施策総合推進法** 第30条の2　職場における優越的な関係を背景とした言動に起因する問題に関して事業主の講ずべき措置等
民法 損害賠償を求められることがあります。 第709条　不法行為による損害賠償	**会社法** 第350条　会社代表者の責任

※行為者は法的に責任を問われるだけでなく、就業規則により、懲戒処分の対象となることがあります。

5.パワーハラスメントとはどのような行為をいうのか

(1) パワーハラスメントの定義

　職場におけるパワーハラスメントとは、**職場**において行われる**①優越的な関係を背景とした**言動であって、**②業務上必要かつ相当な範囲を超えた**ものにより、**③労働者の就業環境が害される**ことであり、①から③までの要素をすべて満たすものをいいます。

- **職場**
　労働者が業務を遂行する場所を指しますが、通常就業している場所以外の取引先の事務所や打ち合わせをする飲食店、就業時間外の宴会、休日の電話連絡、メールやSNSでの業務指示、接待ゴルフの送迎等も含みます。
- **労働者**
　正規雇用労働者のみならず、パートタイム労働者、契約社員等いわゆる非正規雇用労働者を含むすべての労働者を指します。
　また、派遣労働者についても、派遣元事業者だけでなく、派遣先事業者も自らが雇用する労働者と同様に取り扱う必要があります。
- **「優越的な関係を背景とした」とは**
　業務を遂行するにあたって、労働者が行為者に対して抵抗又は拒絶することができないような関係を背景として行われるもので、以下のような例が挙げられます。
  ・職務上の地位が上位の者による言動
  ・同僚又は部下による言動で、行為者が業務上必要な知識や豊富な経験を有しており、行為者の協力を得なければ業務の円滑な遂行を行うことが困難であるもの
  ・同僚又は部下からの集団による行為で、抵抗又は拒絶することが困難であるもの
- **「業務上必要かつ相当な範囲を超えた」とは**
　社会通念に照らし、行為者の言動が明らかに業務上必要のない、又はその態様が相当でないもので、以下のような例が挙げられます。
  ・業務上明らかに必要性のない言動
  ・業務の目的を大きく逸脱した言動
  ・業務を遂行するための手段として不適当な言動
  ・行為の回数、行為者の数等、その態様や手段が社会通念に照らして許容される範囲を超える言動
　この判断にあたっては、以下の項目を総合的に考慮して判断する必要があります。

- ・言動の目的
- ・言動を受けた労働者の問題行動の有無や内容・程度を含む言動が行われた経緯や状況
- ・業種・業態
- ・業務の内容・性質
- ・言動の態様・頻度・継続性
- ・労働者の属性や心身の状況
- ・行為者との関係性　　　等

● 「労働者の就業環境が害される」とは

　行為者の言動により労働者が身体的又は精神的に苦痛を与えられ、労働者の就業環境が不快なものになったため、能力の発揮に重大な悪影響が生じる等就業するうえで看過できない程度の支障が生じることを言います。

　この判断にあたっては、「平均的な労働者の感じ方」、すなわち、同様の状況で当該言動を受けた場合に、社会一般の労働者が、就業するうえで看過できない程度の支障が生じたと感じるような言動であるかどうかを基準とすることが適当です。

(2) パワーハラスメントに該当する／しない行為例

　職場におけるパワーハラスメントの状況は多様ですが、代表的な言動としては以下の6類型があり、各々の類型ごとに、典型的に職場におけるパワーハラスメントに該当する／しないと考えられる例を挙げています。但し、個別の事案の状況等によって判断が異なる場合もあり得ますし、これらの例以外にもハラスメントに該当する例があり得るということに留意する必要があります。

　また、いずれの例についても、行為者と当該言動を受ける労働者には優越的な関係を背景として行われたものを前提としています。

①身体的な攻撃（暴行・傷害）

（該当すると考えられる例）
- ・殴打、足蹴りを行うこと。
- ・相手に物を投げつけること。

（該当しないと考えられる例）
- ・誤ってぶつかること。

②精神的な攻撃（脅迫・名誉棄損・侮辱・ひどい暴言）

（該当すると考えられる例）
- ・人格を否定するような言動を行うこと。相手の性的指向・性自認に関する侮辱的な言動を行うことを含む。
- ・業務の遂行に関する必要以上に長時間にわたる厳しい叱責を繰り返し行うこと。
- ・他の労働者の面前における大声での威圧的な叱責を繰り返し行うこと。

I　パワーハラスメント防止の基礎知識

　　・相手の能力を否定し、罵倒するような内容の電子メール等を、当該相手を含む複数の労働者宛てに送信すること。
　（該当しないと考えられる例）
　　・遅刻など社会的ルールやマナーを欠いた言動が見られ、再三注意してもそれが改善されない労働者に対して、一定程度強く注意をすること。
　　・その企業の業務の内容や性質等に照らして重大な問題行動を行った労働者に対して、一定程度強く注意をすること。

③人間関係からの切り離し（隔離・仲間外し・無視）
　（該当すると考えられる例）
　　・自身の意に沿わない労働者に対して、仕事を外し、長期間にわたり、別室に隔離したり、自宅研修させたりすること。
　　・一人の労働者に対して同僚が集団で無視をし、職場で孤立させること。
　（該当しないと考えられる例）
　　・新規に採用した労働者を育成するために短期間集中的に別室で研修等の教育を実施すること。
　　・懲戒規程に基づき処分を受けた労働者に対し、通常の業務に復帰させるために、その前に、別室で必要な研修を受けさせること。

④過大な要求（業務上明らかに不要なことや遂行不可能なことの強制・仕事の妨害）
　（該当すると考えられる例）
　　・長期間にわたる、肉体的苦痛を伴う過酷な環境下での勤務に直接関係のない作業を命じること。
　　・新卒採用者に対し、必要な教育を行わないまま到底対応できないレベルの業績目標を課し、達成できなかったことに対し厳しく叱責すること。
　　・労働者に業務とは関係のない私的な雑用の処理を強制的に行わせること。
　（該当しないと考えられる例）
　　・労働者を育成するために現状よりも少し高いレベルの業務を任せること。
　　・業務の繁忙期に、業務上の必要性から、当該業務の担当者に通常時よりも一定程度多い業務の処理を任せること。

⑤過小な要求（業務上の合理性なく能力や経験とかけ離れた程度の低い仕事を命じることや仕事を与えないこと）
　（該当すると考えられる例）
　　・管理職である労働者を退職させるため、誰でも遂行可能な業務を行わせること。
　　・気にいらない労働者に対して嫌がらせのために仕事を与えないこと。
　（該当しないと考えられる例）
　　・労働者の能力に応じて、一定程度業務内容や業務量を軽減すること。

⑥ **個の侵害（私的なことに過度に立ち入ること）**
（該当すると考えられる例）
・労働者を職場外でも継続的に監視したり、私物の写真撮影をしたりすること。
・労働者の性的指向・性自認や病歴、不妊治療等の機微な個人情報について、当該労働者の了解を得ずに他の労働者に暴露すること。
（該当しないと考えられる例）
・労働者への配慮を目的として、労働者の家族の状況等についてヒアリングを行うこと。
・労働者の了解を得て、当該労働者の性的指向・性自認や病歴、不妊治療等の機微な個人情報について、必要な範囲で人事労務部門の担当者に伝達し、配慮を促すこと。なお、プライバシー保護の観点から、こうした機微な個人情報を暴露することのないよう、労働者に周知・啓発する等の措置が必要です。

(3)「これって適正な指導？パワーハラスメント？」

① **パワーハラスメントに該当しないもの**
　以下は相手がどう受け止めようとも、パワーハラスメントには該当しません。
- 業務遂行上必要な指示・命令や正当な注意・叱責
（相当性を欠くとは言えない範囲内で）
- 正当な教育指導
- 正当な評価、処遇

　（例）お客様との約束時間を間違えて部下が遅刻した時に、上司が「お客様に迷惑かけて、何やってるんだ！」と叱った。

② **裁判における違法性の判断基準**
　パワーハラスメント行為を直接裁くための基準となる法律はありませんが、裁判の判例が増えてきています。一般的に裁判では、裁判官は問題となっている行為が、業務の適正な範囲を超えてパワーハラスメントに該当するかどうか、業種、組織文化、人間関係、行為の態様、回数、程度、状況、動機・目的、侵害された権利、過去になされた判決などを総合的に考慮して判断しています。

Ⅰ　パワーハラスメント防止の基礎知識

③ 各職場におけるパワーハラスメントに対する共通の認識

　職場で、私たちが裁判官のように違法性を判断するのは現実的ではありません。私たちができることは、一人ひとりの尊厳や人格を尊重する人権感覚を持ち、各組織・職場でパワーハラスメントの認識をそろえ、その範囲を明確にする取組みを行うことではないでしょうか。

ハラスメントの3つの境界線

④ グレーゾーンの判断のポイント

　パワーハラスメント行為に該当するかどうか迷ったら、以下の観点で考えてみましょう。

▶ 指導・指示と業務との関連性や必要性	業務上必要かどうか？（「気に入らないから」だけの発言はNG）
▶ 言動の内容	人格を否定していないか？ 個人の権利を侵害していないか？（雇用を脅かすなど）
▶ 言動の態様	言い方が威圧的、陰湿ではないか？（大声で怒鳴る、陰で誹謗中傷するなど）繰り返し行っていないか？
▶ 発言の場	発言の場に配慮があったか？（多くの人がいる場での発言など）
▶ 職場環境	普段の職場環境に配慮はあったか？ ものを言いにくい環境になっていなかったか？

II
部下育成の極意
3か条

一人ひとりの尊厳や人格が尊重される職場づくりはパワーハラスメント防止につながるだけではなく、部下の自発性や意欲の向上につながり、部下の持つ力を活かせる職場になります。その結果、職場の業績や生産性にもプラスに働くという効果があります。
部下を活かすには、上司の部下育成力が必須です。上司は部下にどのように関わればよいのでしょうか？

その1 部下が"やる気になる"環境をつくるべし

(1) 上司と部下の関係が変わった!

はじめに、上司と部下の関係について考えてみましょう。

上司は「上」で部下は「下」?
上司は部下より偉い???

今、上司と部下の関係が変化しています。

| 上司が教える | | お互いから学ぶ |

　環境の変化が穏やかでスピードもゆっくりだった時代は、組織に長くいればいるほど、仕事に必要な知識・スキル・能力がより多く身について、部下に「教える」ということが一般的でした。

　ところが、情報がデジタル化されて以来、環境の変化は激しくスピードも早く、仕事で必要とされる知識・スキル・能力が急速に変化しています。組織に長くいればいる人ほど、その変化に戸惑い、ついていけないという状況が見受けられます。

　今後ますます、技術の高度化が急テンポで進みます。AI(人工知能)の導入、あらゆるものがネットにつながるIoTの普及などにより、仕事のやり方が激変し、これまでとは異なる能力が求められるようになるでしょう。変化に対応するためには上司も部下もお互いから学びあうという姿勢が必要です。

| 上司主体の指導スタイル | | 部下主体の支援スタイル |

今、最も上司に求められていることは、**「部下の持ち味、特に強みを見いだして、それを職場で活用すること」**。人材は多様化しています。部下によって特性は様々です。異なる特性を持つ部下をどのように活かしていくか、これが上司の重要な仕事です。上司には、傾聴や質問のスキルを駆使した部下主体の支援スタイルが求められています。

"できる"上司に共通していることは、「自分の強みを知って、それを使っていること」です。そして「自分の弱みをオープンにして、部下に助けを求めていること」です。頼られた部下はがぜん張り切ります。上司はスーパーマン・スーパーウーマンでなくてよいのです。

| 管理し管理される関係 | | 目的・目標を共有するパートナー |

部下との関係は「管理し管理される関係」から、「同じ目的・目標を共有するパートナー」に変わりました。パートナーとしてのコミュニケーションが求められています。今、私は偉くて何でもわかっていると言わんばかりの"上から目線"のコミュニケーションは歓迎されないのです。

役職が上だから経験が長い、年齢が上、知識・スキル・能力が高いということではなくなったということですね。
役職というのは、一つの役割ということですね。

役職　≠　経験・年齢・知識・スキル・能力
役職　＝　役割

(2) 部下の自発性を引き出し、成果をあげるマネジメント

上司に期待されていることは何でしょうか？
マネジメント、部下育成、リーダーシップの発揮…
たくさんありそうですね。

　マネジメントとは「組織の資源（ヒト、モノ、カネ、情報）を活用して、組織として最大の成果を創り出すこと」です。
　上司は一人で成果をあげるのではなく、部下を通して成果をあげます。
　ということは、部下が成果をあげる環境をつくっていくことが必要です。

① 組織の資源を活用して最大の成果を創り出す

　限られた資源をやりくりして最大の成果をあげることが求められます。
　この「成果」とは短期的な成果だけでなく、短期と長期の両方の成果を意味しています。

② 部下が成果をあげる環境をつくる

　部下が成果をあげるには、自発性や意欲が必要です。
　高橋俊介氏がその著書『人が育つ会社をつくる』[※1]で、慶應義塾大学SFC研究所キャリア・リソース・ラボラトリーが平成17年に行ったアンケート調査の結果を次のように紹介しています。
　「最も（成長）実感と相関が高かったのが、『自身の能力発揮意欲』『成果達成意欲』『自分らしいキャリア実現意欲』『仕事において常に自分なりの見解を持つ（＝主体的ジョブデザイン）』といった個人の仕事やキャリアに関する主体性に関する因子である。」
　また、脳科学者の茂木健一郎氏はその著書『脳を活かす勉強法』[※2]で、「脳の働きの本質は『自発性』です。脳に何かを強制することは、とても難しいのです。」「何をするにしても『自分が選んでいる』という感覚こそが、強化学習に欠かせません。」と述べています。
　自発性・意欲は「人の成長」に欠かせない要素であることがわかります。
　従って、「**部下が自発的・意欲的に働く環境をつくる**」ことが上司の重要課題となります。

Ⅱ 部下育成の極意3か条

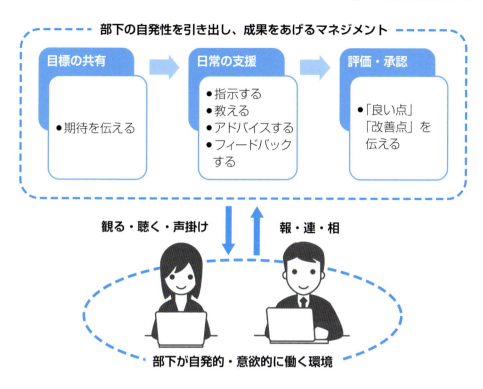

※1 高橋俊介著『人が育つ会社をつくる』日本経済新聞出版社（2006年）
※2 茂木健一郎著『脳を活かす勉強法』PHP研究所（2007年）

（3）部下が自発性を発揮するために必要な3つのこと

部下が自発的、意欲的に働く環境をつくるために上司が具体的に何に取り組めばよいか見ていきましょう。

部下が自分の内側から「やろう」という意欲がわいてくるには、次の3つが必要です。

---
① 部下は自分の仕事に意義を見いだし、誰かの役に立っているという誇りを持っている
② 部下は自分で決めて自分で動いているという感覚を持っている
③ 部下は日々できるようになっているという成長実感を持っている

さて、この3つを実現するには、上司は具体的に何をすればいいのでしょう。

① 部下は自分の仕事に意義を見いだし、誰かの役に立っているという誇りを持っている

あらゆる仕事は誰かにプラスを提供するためにあります。リーダーは、折に触れ、仕事の意義を言葉にし、自分たちが目指す未来像（ビジョン）を描いて、繰り返し部下に伝えます。部下はリーダーの描く意義やビジョンに対して共鳴・共感し、自分もその一端を担いたいと思います。そして部下個人も自分自身の仕事の意義やビジョンを明確にするようになります。すると個人の内側からやろうという意欲がわいてくるのです。そうなれば、部下は自発性を発揮するようになります。

リーダーとして単に目標を伝えるだけではなく、何のためにその目標に取り組むのかという「目的」、最終的に何を実現しようとしているのかという、創り出したい未来像「ビジョン」を語る習慣が大切です。

リーダーシップ論の権威であるウォレン・ベニス氏が次のように言っています。「ビジョンは人を引き付ける。他者の関心を引き付けるからこそ、リーダー1人では達成できないビジョンを実現することが可能になる。リーダーへの道はあるべき姿を自分で描いたときからスタートする。」

部下を未来に導くのがリーダーの役割
部下はリーダーの描くビジョンに魅せられる

② 部下は自分で決めて自分で動いているという感覚を持っている

部下は上司に言われたから仕方なくやっていますか？それとも自分で決めて自らがどう動くかを決めていますか？「自分で決めて自分が動く」余地が大きいほど部下は自発性を発揮します。

指示・命令のみで人を動かすと、人はやる気をなくします。皮肉なことに、人は教えられた時点で学ばなくなります。

この部下はできないと決め込んで、指示・教示を繰り返すと：

指示・教示を繰り返す

自分で考えることを放棄する	➡	思考停止
言われた通りにやることを選択する	➡	受け身の姿勢
「やらされ感」で仕事がイヤになる	➡	意欲の低下
ダメ人間だと思い込む	➡	自己否定

この部下は「やればできる」「より良い仕事をしたいと願っている」と信じて、部下の話を聴いたり、問いかけをして、部下の自発的な行動を待つ、ということを繰り返すと：

傾聴・質問を繰り返す

自分で答えを見つける喜びを発見する	➡	思考力の開発
納得して能動的に動く	➡	主体性の発揮
仕事そのものがおもしろくなる	➡	意欲の向上
自分の存在価値を認める	➡	自己承認

部下は仕事を任せられて成長します。上司は、部下の経験、能力などに応じて知恵と工夫を働かせてやっとクリアできるようなレベルの課題を設定し、何を期待しているのかを伝えます。部下は直接上司から期待されていることを伝えられると、その期待に応えたいと思います。上司から信頼されると、その信頼に応えたいと思います。言葉を惜しまず、部下に期待を伝えましょう。そして期待を伝えた後は、信頼して任せることです。もちろん関心を持って「部下の行動を観る・話を聴く・自分から声掛けをする」を繰り返して支援することは忘れずに。

傾聴

■「傾聴」の効果　～聴くことは相手の成長に貢献する～

　批判されず、そのまま自分自身を受け止められていると思うことで、話しやすくなります。安心して冷静に話すことで、自分のことや自分を取り巻く状況がよく見えるようになります。

　自分で問題解決の糸口を見つけ出すことにもなります。自己を解放することで自分のことに気づいていく過程こそが「聴く」がもたらす効果です。「聴く」ことは相手の成長に大きく影響しているのです。

　「話す」ことは「放す」こと。話してマイナスの感情を解き放つことにより、すっきりとします。また、自分から「離す」とより客観的に考えられるようになります。

■「傾聴」のポイント
- 最後まで聴き切りましょう。
- 自分の考え方・価値観を押し付けないで、相手の立場に立って受け止めましょう。
- 相手の考え・気持ちに反応しましょう。（うなずく、相づちを打つ、反復する、言い換える）
- 相手の表情、姿勢など相手のからだが発しているサインをよく観ましょう。

> 質問

■「質問」の効果　〜問いかけられると「考える力」が伸びる〜
　自ら考え、気づき、行動する自律した人材に育つには、「質問」が重要な役割を果たします。育成の名人は「問いかけ」の名人です。
- 「考える」習慣がつく
　　人は問いかけられると「考える」という習性を持っています。継続して問いかけられると、自ら「考える」という習慣がつきます。その結果「考える力」が身についていくのです。
- 自発的行動を引き起こす
　　人から言われたことに対しては「やらされ感」があり、腰が重くなりがちですが、自分で考えたことは、自ら「やろう！」と行動に移しやすいものです。
- 対立を生まない
　　意見と違って、質問は対立を生み出しにくいのです。

■「質問」のポイント
- 「はい」「いいえ」で答えられない質問の練習をしましょう。相手の考えを引き出すのに役に立ちます。
　　「今、どういうことが起きていますか？」
　　「どうなればいいと思いますか？」
　　「具体的にどのような行動をとりますか？」
- 詰問にならないように気をつけましょう。

③ **部下は日々できるようになっているという成長実感を持っている**

　「成長」というのはまず「行動の変化」に表れます。私たちは、自分で自分の行動の変化をタイムリーに客観的に認識しているかというと実はそうでもなく、周りからフィードバックを受けて初めて気づくことが多いのです。

　上司は部下が「できるようになっている」と感じる機会・場をどれほど提供しているでしょうか？事実・データに基づいて具体的に、タイムリーに、率直に部下にフィードバックをしている上司は残念ながら驚くほど少ないのが現状です。「依頼された仕事ができました」と言って上司に提出しても、上司の目にその仕事がどのように映ったのかという情報が返ってくることはほとんどないといいます。「怒られなかったので多分あれで良かったのだろうと想像はしていますが……よくわかりません。」というのが部下の率直な感想です。暗闇のなか手探りで仕事をしているようなものです。

■フィードバックは「成長の鏡」

- フィードバックとは「上司が鏡となり、上司の鏡に映った部下の姿をそのまま返すこと」です。

　　フィードバックとはもともと電子工学の用語で「出力の一部を入力側に戻すこと」を言います。部下育成におけるフィードバックとは、「部下が外側に伝えていることを上司が認識し、言語化して情報として部下に返すこと」を意味します。情報は「客観的事実」と「主観的事実」の2種類があります。

　▶上司が見えていること、聞こえていること（客観的事実）を返す
　　　「会議で最初に発言しました。」
　　　「報告書の提出が3日遅れています。」
　▶上司の内側で起こったこと（主観的事実）を返す
　　　「チャレンジしてくれてうれしかったです。」
　　　「間に合うかどうか心配です。」
　　　※「私」を主語にする"I（アイ）メッセージ"で伝えます。

- フィードバックの目的は「相手の成長」
- **具体的な事実**を伝えること ➡ 指示やアドバイスは入りません。
- **タイムリー**に伝えること
- フィードバックを受け取った後、その情報をもとにどうするかは部下に任せます。 ➡ 部下は自分で考えることが求められます。
　　　自律した人材の育成に効果があります。

■部下への関わり方

- 指示・命令する　　　やらせ的
- 教える
- アドバイスする
- フィードバックする　　任せ的

目の前の部下はこの業務においてどのように関わると最も成長するか？

　これらの4つの関わりは、すべて必要です。
　いつも自分のやりやすい関わり方をするのではなく、部下の状況に応じて関わり方を変える必要があります。

上司や先輩が自分の行動に興味を持って見てくれて、タイムリーにフィードバックしてくれるのは、うれしいものです。フィードバックの量は働く人の「自発性・意欲」、「自分に対する確信」、「成長の度合い」に大きく影響するのですね。これほど即効力のあるフィードバックをしないというのはもったいない！

その2 部下を"3段階で"認めるべし

私たち人間は、認められるとうれしいと感じます。どのように認められると部下は「またやろう!」と思うのでしょうか?

承認というのは認めることです。語源は「見留める」つまり「目に留める」ことを言います。

① 相手の存在を承認する

自分の存在を認めてもらうということが、人間の根本にある欲求です。

自分の存在に気づいてもらい、そこに居るということを目に留めてもらうことで、気持ちが満たされて安心します。

(存在を認めたときの言動例)

「あいさつをする」「名前を呼ぶ」「目を見て話す」「返事する」

「あなたはチームの大事な一員です。」

「あなたがチームに居てくれて心強いです。」

② 相手の成長・成果に気づいて、それを言葉にして伝える

自分では自分の変化に気づかないことが多いものです。自分の行動に関心をもって見てくれていて、その変化を言葉にして伝えられると部下はうれしさを感じます。

(成長・成果を認めたときの言動例)

▶成長

「昨日は1時間かかっていた業務を今日は30分で終えていましたね。」

▶成果

「資格試験に1回で合格しましたね。」

③ 相手を操作するためのテクニックとして使わないこと

誠実に、心からそう思ったときに率直に伝えます。不誠実な承認は逆効果です。おだててがんばらせるための「ほめる」はうまくいきません。

④ 承認の順序

「存在➡行動➡成果」の順に認めましょう。

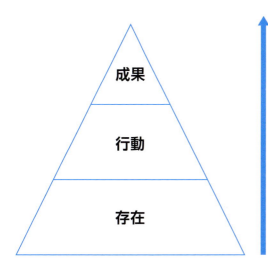

残念ながら、余裕のない職場では、目に見えやすい「成果➡行動➡存在」の順で認めることが多いのです。

成果を出さないと、そのプロセスで取った行動も認められない、その行動を取った人の存在価値も認められない、といった悲しいことが起こり、そうした職場はギスギスしていきます。

成果を出していないときこそ、その人そのものの存在価値やその人に対する信頼を言葉にして伝えることが必要です。それが行動を改善しようという意欲につながります。行動が変わると成果が変わります。

結果が望ましくない場合はプロセスで取った行動に焦点を当てます。
結果は一つひとつの行動の積み重ねによって決まります。

「どのようにしてミスが発生したのか」How（プロセス）を振り返ります。
「なぜミスをしたのか」Whyを追求するとどうしても言い訳が返ってきがちです。

不要な行動の削除、必要な行動の追加など行動の修正をすることによって、結果が望ましい方向に変わります。

成果を出さなかった人が成果を出すようになるときは、必ず、そばにその人の存在を認めてくれる上司や先輩、同僚がいるものです。

自分の存在を認めてくれる人がいるということがわかると、安心するし、応えたいと思うから、やってみようという意欲につながる。だから行動が変わる、行動が変わるから結果が変わる、という流れを引き起こすのですね。

Ⅱ 部下育成の極意3か条

その3 部下を"悪者にしないで"叱るべし

叱ると部下がやる気をなくしてしまうのではないかと心配です。
部下の行動に改善が必要だと判断したとき、どのように伝えれば部下は前向きに取り組んでくれるのでしょうか？

(1) 叱る目的

　上司は何か問題が生じているから叱るわけです。叱る目的は**「問題の解決」**で相手をだめ呼ばわりすることではありません。自分の感情をぶつけることでもありません。ましてや相手を脅してやらせることでもありません。「叱る」とは**「問題の解決に向けて相手が行動を変えるよう働きかけること」**なのです。

叱る 行動の改善 問題の解決

(2) 部下がやる気をなくす叱り方

① 部下がやる気をなくす叱り方"ワースト5"

- 人格を否定する
- 一方的に叱って、部下の言い分を聞こうとしない
- 感情的になる
- 長い
- 皆の前で叱る

私は役立たずのバカじゃない…
そんなひどい言い方はないだろう。
あんまりだ…

叱る目的は
自分の気持ち
の発散、保身

みんなが見てる…
恥ずかしい…

そうじゃない、誤解だ！
私はそんなこと
やってない！

おっかない…
そんな大きな声で
怒鳴らないでよ〜

早く解放してくれ〜！
いつまで続くんだ…

「自分のうっぷんを晴らす」ことや「自分の成功や評判を守る（保身）」ために叱ると部下は敏感に感じ取ります。

「人格を否定しない」「一方的に叱らない」「感情的にならない」「くどくどと言わない」「皆の前で言わない」は肝に銘じておきましょう。

② **感情をぶつけても叱る目的は果たせない**

上司が感情的になると、部下は委縮して黙り込むか、言い訳するか、反発するか、いずれにしても、叱る目的を果たすことにはつながりません。

気がつくと感情的になって怒鳴っているという人は、自分の「怒り」をコントロールする訓練をするといいでしょう。カッとなってもすぐに反応しないで、自分がクールダウンする最適の方法を見つけましょう。数字を数えたり、手を握ったり、おまじないを唱えたり、お茶を飲んだり、トイレに行ったり……部下には少し時間を置いてから話すようにしましょう。

でも、人間だから思わず感情的になることもあります。そのようなときは、後で謝りましょう。

③ **言ってはいけないNGワード**

これらの言葉を使うと部下は「**カチン**」ときます。逆効果です。

「常識でしょ」「当たり前でしょ」「普通できるでしょ」
「そんなこともできないのか」「なぜできないんだ」「他の人はできるのに」
「前にも言ったよね」「何回も言っているよね」「あのときもそうだったよね」
「いつもそうなんだから」
「しっかりやれ」「ちゃんとやれ」「きっちりしろ」

（3）部下がやる気になる叱り方

　このように部下がやる気になるように叱るには、どのようなことに気をつければよいのか、ポイントを見ていきましょう。

■部下がやる気になる叱り方のポイント

① **相手が受け入れやすいタイミングと場所を選ぶ**
  - 緊急時は直後、それ以外は相手が受け取りやすい時を選びます。
  - 皆の前はNGです。
    　人前で叱られたら、自分の行動を振返って考えるよりも、恥ずかしい思いをさせられたという屈辱感が先に立ってしまいます。ただし、組織の規則違反、行動指針に反する行為に対して意図を持って人前で叱ることはありえます。
  （例）頻繁な遅刻に対する注意

② **非難せずに、事実を伝える**
  - 「あなたはだめだ」ということを言いたいわけではありません。「あなたのせいで」と非難したり、責めたりせずに、改善点に関して、部下の具体的な行動、事実に焦点を当てて伝えます。
  - 部下はどの行動に改善が必要なのかがわかるので、対応策を考えることができます。
  （例）「毎日2件のミスが3か月間続いています。今日は5件ミスがありました。」
  　　「キャンペーン価格が適用されていませんでした。」

③ 上司が何を問題と捉えているのかを明確に伝える
- 解決したい問題は何かがはっきりしていることが重要です。
- 部下はなぜ叱られているのかがわかります。

(例)「お客様に迷惑をかけました。」
　　「会社の信頼を失いました。」

④ 私を主語にする「I(アイ)メッセージ」で自分の気持ちを正直に伝える
- 自分の感情を正直にオープンに伝えることによって、相手に誠実さが伝わります。そして上司がなぜ問題として捉えているのかが部下に伝わりやすくなります。

(例)「お客様に迷惑をかけたことを申し訳ないと思っています。」
　　「会社の信頼を失わないかと心配しています。」

⑤ 部下の言い分を聴く
- 事実の確認をします。
- 相手の言い分を聴いて、相手の立場になって考えます。

(例)「この件に関して、私が知っておいたほうがよいことはありますか?」
　　「確かに、キャンペーンで通常の倍の注文がありました。」
　　「確かに、配属になって3か月で慣れていないところがありました。」

⑥ 自分の指導や指示に落ち度がある場合は潔く謝る
- 問題の発生を防止するために上司として何ができたかを考えてみます。

(例)「ミスをなくすようにと注意するだけでなく、対策を一緒に考えるべきでした。」
　　「忙しくなることがわかっていたのに、新人に対してサポート体制がありませんでした。」

⑦ あらためて信頼しているというメッセージを伝える
- 背景に信頼があるからこそ、改善点を伝えているのだということを伝えます。

(例)「今回のミスは君らしくない。」
　　「君にはもっと活躍してもらいたいんだ。」
　　「あなたならできると期待しています。」

Ⅱ　部下育成の極意3か条

⑧ **問題の解決策について部下の考えを聴く**
- 部下自らが考えるように促します。
- 上司が問いかけることによって部下自らが解決策を見いだす支援をします。
- 「自分で考える ➡ 気づく ➡ 言う（言語化する）➡ 行動する」の流れを作ります。自分で考えてやると言ったことは行動に移しやすいからです。

（例）「今後、どのようにするとミスが減ると考えていますか。」
　　　「わかっていることだけでもいいので、教えてください。」
　　　「どうすればミスが減るか一緒に考えましょう。」

⑨ **どのように伝わったかを確認する**
- 一方通行で話して終わり、というのは避けます。正しく伝わっていると思い込んでいることが極めて多いのです。
- 部下本人がどのように考えているかを聴きます。双方向のやり取りをすることによって意図したことが伝わっているかどうかがわかります。

（例）「今回の件について、あなたはどのように考えていますか。」
　　　「今回の件で、学んだこと、気づいたことは何ですか。」
　　　「今後の取組みについて、まとめて話してください。」

⑩ **叱った後、フォローする**
- その後のフォローが大切。「やりっぱなし」は育成につながりません。改善点を伝えた後、少しでも良い方向に向かえば、「それでいい」と認める声掛けをします。これがあってはじめて改善点を伝えた意味があります。

III
パワーハラスメントのない職場を目指して
～安心して働ける職場づくりのために～

パワーハラスメントのない職場にするために、管理職として実践することは何でしょう？

1. 管理職自身がパワーハラスメントをしないために気をつけること

① **効果的な指導の仕方を身につける（Ⅱ 部下育成の極意その2参照）**
- 承認の仕方
- 改善点の伝え方

② **自分の思い込みを知る**
- 「自分は若いときもっと厳しい指導を受けてきたから当然」!?
- 「この程度なら許される」!?
- 自分の言動が相手にどのような影響を与えているのかを自分が勝手に想像せずに、直接本人に聞いてみると意外な発見につながることがある
- 相手の気持ち（不快、嫌悪、恐怖）がわかったら**すぐに**やめる

③ **自分自身が余裕を持つ**
- 自分の怒りをコントロールする方法を身につける
- 対話によって、相手（多様な人材）の立場を理解しようとする
- 自分のストレスに対する対応策を持つ
（ホンネで相談できる相手、愚痴を言う相手を持つなど）

④ **自分がパワーハラスメントをしている可能性があるときに、それを教えてくれる人や仕組みを持つ**
- 特に役職の高い人は要注意。正直に教えてくれる人がいないと、気がつくと裸の王様になっていることも…

2. 管理職としてパワーハラスメントのない職場にするために実践すること

① **職場のコミュニケーションの機会を増やす**
- コミュニケーションが信頼関係をつくる
- 自分から声掛けをする
- 話を聴く時間を十分にとる
- 職場でオープンに話し合ったり、自由に意見を言い合う機会を設ける

② **日頃の部下の言動や勤務態度を観察し、問題発生の兆候を見逃さないようにする**
- パワーハラスメントの被害者の兆候例
  - ☑ 最近、元気がない。顔色がよくない。何か考え込んでいる。おびえている。
  - ☑ 遅刻や欠勤（特に休み明け）が多くなり、日中、行き先が長時間わからなくなる。
  - ☑ 以前は特に問題のなかった人や有能だった人が、最近になってミスが増えた。
  - ☑ さしたる理由が見当たらないのに配置転換を希望したり、会社を辞めたいと訴える。

③ **自分の職場でパワーハラスメントに対する認識をそろえ、適正な指導の範囲を明確にする取組みを行う**
- 話し合いのプロセスが重要
  考えをオープンに話し合うことでそれぞれが「嫌がること」を知る機会となる

④ **パワーハラスメントに対する正しい認識を持ち、組織の方針を知る**
- 自社・組織のパワーハラスメント防止の方針を理解して皆で共有すること
- 相談体制や懲罰規定など、どのような防止策がとられているか、皆が知っていることが大切

3.管理職の責任

① ハラスメントの防止と排除
② ハラスメントが起きた場合の迅速かつ適切な対応
③ ハラスメントに関する相談により不利益を受けることがないよう配慮

皆が安心して働ける職場にするために、管理職のやるべきことはたくさんありますね。自分の職場ではどのような取組みをすると効果的かを考えて、一つひとつできることからやっていくといいですね。応援しています！

付　録

ハラスメント自己診断
1.私のパワーハラスメント危険度

1	部下や年下の人から意見を言われたり、口答えをされたりするとイラっとする。	はい ☐ いいえ ☐
2	自分が間違っていたとしても、部下や後輩に対して謝ることはない。	はい ☐ いいえ ☐
3	自分は短気で怒りっぽいと思う。	はい ☐ いいえ ☐
4	期待した結果が得られないと、感情的になりやすい。	はい ☐ いいえ ☐
5	自分の考えていることを察して、部下や後輩は阿吽の呼吸で動いてくれるべきだと思う。	はい ☐ いいえ ☐
6	厳しく指導をしないと、人は育たないと思う。	はい ☐ いいえ ☐
7	仕事のできない人には、仕事を与えないほうがよいと思う。	はい ☐ いいえ ☐
8	結果を出すためには、終業時刻間近になっていても残業を要請するのは当然だと思う。	はい ☐ いいえ ☐
9	仕事の目標を達成できない人は、職場にとってお荷物だと思う。	はい ☐ いいえ ☐
10	学校やスポーツで体罰をする指導者の気持ちは理解できる。	はい ☐ いいえ ☐

「はい」 （　　　　　）個
「いいえ」（　　　　　）個

2. 私の職場環境は？

1	朝夕のあいさつをする人がほとんどいない。	はい ☐ いいえ ☐
2	情報の伝達はたいていメールのみで、顔を合わせて対話することがほとんどない。	はい ☐ いいえ ☐
3	人は厳しく指導することで育つという意識が強い職場だ。	はい ☐ いいえ ☐
4	今の職場には失敗やミスが許されない雰囲気がある。	はい ☐ いいえ ☐
5	業務上のノルマが厳しく求められ、目標を達成できなかった人が責められる雰囲気がある。	はい ☐ いいえ ☐
6	上司に対して、意見や反論は言えない雰囲気だ。	はい ☐ いいえ ☐
7	職場の誰かが困っていても、助け合える雰囲気ではない。	はい ☐ いいえ ☐
8	職場内での問題について、職場内で話し合って解決しようという雰囲気がない。	はい ☐ いいえ ☐
9	正社員やパート、アルバイト、派遣社員など、様々な立場の人が一緒に働いているが、上下関係が絶対的で、立場を意識した発言が散見される。	はい ☐ いいえ ☐
10	人の陰口や噂を耳にすることが多い。	はい ☐ いいえ ☐

「はい」（　　　）個
「いいえ」（　　　）個

〈解説〉

1.私のパワーハラスメント危険度

「はい」にチェックがあれば、日頃の自分の言動を振り返って、周りにどのような影響を与えているか考えてみましょう。上司、部下、同僚からフィードバックをもらうことも効果があります。自分では気づかない多くの発見があります。真摯に受け止めて一つひとつ改善していけば、それでOKです。そしてあらためて部下育成ガイドブックを読んで、自分にとって重要だと思われることを実践していきましょう。ハラスメント防止研修、部下育成研修などを受けることもお勧めです。

2.私の職場環境

表にはパワーハラスメントが起こりやすい職場の特徴が並んでいます。「はい」にチェックがある場合は、自分のつくっている職場環境をあらためて見直す必要があります。「パワーハラスメントが起こりやすい」というだけではなく、「部下が力を発揮しにくく、成果を出しにくい」環境になっていないか、という観点で見直してみましょう。

付録

【ケーススタディを用いたロールプレイ】
部下がやる気になる叱り方の実践

<ケース>ミスの多い部下に建設的に改善点を伝えましょう。

登場人物
A上司：几帳面でまじめ。普段はがまんしているが、ストレス状況に置かれると、感情的・攻撃的になることがある。
Bさん：3か月前、現在の部署に配属になった。お客様から受けた注文をコンピューターに入力する仕事をしている。真面目に仕事に取り組んでいるが、ケアレスミスが多い。

背景
　Bさんはほぼ毎日2～3件入力ミスをしている。上司から度々注意されているが、ミスが減らない。金額・数量などの数字を間違えるとお客様に迷惑をかけるので、同僚がチェックしてミスを修正している状況である。「Bさんにはこの仕事の適性がないので異動させてほしい」とBさんの同僚2人からA上司に苦情が出ている。

場面
　今週からキャンペーンがスタートし、大量に注文が入ってきた。入力するデータ量が通常の倍あった。Bさんは慌てて動揺し5件入力ミスをした。同僚もすべてのミスをチェックしきれなかった。「割引き価格になってないけど、どうなってんの！」とついにお客様から苦情の電話が入った。

A上司とBさんのやり取り
A上司：Bさん！いったい何度言ったらわかるんだ！なんでいつも間違えるんだ！
　　　（感情的に強い口調で言う）
Bさん：すみません（小さな声で）
A上司：すみません、ではすまないよ。前にも言ったはずだ！どうしてくれるんだ！
　　　（部屋中の注目を集めるほど声が大きくなる）
Bさん：（下を向いている）
A上司：他の人にできることがなぜおまえはできないんだ！おまえはバカか！
　　　普通、子どもでもこれくらいの入力はできるだろ！
Bさん：これから気をつけます・・・（小さな声で）
A上司：そのせりふは聞き飽きた！もうこれ以上バカの面倒は見きれん！おまえはこの仕事に向いてない！もう何もするな！いいな！うちの部署にお前にさせる仕事はない！出ていけ！（こぶしで机をドンと叩く）

【ワーク①】A上司の言動の問題点をあげてください。

【ワーク②】3人一組になって、役割（上司役、部下役、観察者）を決めます。上司役（A上司）は部下役（Bさん）と面談をして、Bさんに建設的に改善点を伝えてください。面談のロールプレイが終わったら、部下役と観察者は次頁のチェックポイントを参考に、上司役の叱り方の良い点と改善点をフィードバックします。

付録

CHECK! ロールプレイのチェックポイント

1	部下を非難せずに、部下の具体的な行動に焦点を当てて事実を伝えていたか	
2	自分が何を問題としているのかを明確に伝えていたか	
3	自分の気持ちを正直に伝えていたか	
4	部下の言い分を聴いていたか	
5	自分の指導や指示に落ち度がある場合は潔く謝っていたか	
6	あらためて部下を信頼しているというメッセージを伝えていたか	
7	問題の解決策について部下の考えを聴いていたか	
8	どのように伝わったか確認していたか	
9	部下の話は最後まで聴いていたか	
10	部下に質問して部下の考えを引き出していたか	

裁判事例

（1）会社の責任が問われた裁判例

A会K病院事件（さいたま地判　平成16年9月24日）

　男性看護師が先輩の男性看護師から違法ないじめを受け、それが原因で自殺したことにつき、先輩看護師は不法行為責任を負うとした。また、病院設置者も、いじめを認識することが可能であったにもかかわらず、これを認識していじめを防止する措置を取らなかったとして、安全配慮義務違反の債務不履行責任を負うとした。

　【概要】原告らの長男であるXが、勤務する病院の先輩である被告Yらの日常的な使い走り、残業の強要、仕事中のものを含めての「死ねよ」という発言、「お前のアフターは俺らのためにある」「殺す」との内容の電子メールの送信、仕事上のミスに対する「バカ田。何やってるんだよ。お前がだめだから俺が苦労するんだよ」などの暴言や暴力の行使等のいじめが原因で自殺したとして、両親である原告らが、被告Yに対し、いじめ行為による不法行為責任（民法709条）を理由に、また、病院を設置する被告Aに対し、雇用契約上の安全配慮義務違反による債務不履行責任（民法415条）を理由に、損害賠償の支払いを請求した事案である。

　【結果】一部認容。被告Yに対し、いじめによるXの精神的苦痛及び同人の自殺につき、慰謝料1,000万円の支払いを命じ、被告Aに対しては、いじめによるXの精神的苦痛につき、慰謝料500万円の支払いを命じた（500万円の範囲でYとAは連帯責任を負う）。

B市水道局事件（横浜地裁川崎支部　平成14年6月27日、東京高判　平成15年3月25日）

　職員の自殺が上司らのいじめによる精神障害の結果生じたものとして、市の安全配慮義務を認めた判決。国家賠償請求事件である。

　【概要】原告らの長男Xが被告B市の水道局工業用水課に勤務中、Xに対し、上司である課長ら3名が嫌がらせとして「何であんなのがここに来たんだよ」「むくみ麻原」「ハルマゲドンが来た」等の言動を執拗に繰り返し行い、挙げ句の果てに厄介者であるかのように扱った。

　さらに、精神的に追い詰められて欠勤しがちになっていたものの親から勧められて同課における合同旅行会に出席したXに対し、主査が、ナイフを振り回しながら脅すようなことを言い、課長も係長も大声で笑って同調していた。Xはこれらにより精神的、肉体的に追い詰められて自殺したとして、原告らが、被告B市に対し、国家賠償法又は民法715条に基づき損害賠償を、同課課長、係長、主査に対し、同法709条、719条（共同不法行為者の責任）に基づき損害賠償をそれぞれ求めた。

【結果】一部認容。自殺の契機には原告側の資質、心因的要素があったことを考慮し、過失相殺規定を類推適用して、損害額から7割を減額したうえ、逸失利益、遺族固有の慰謝料、弁護士費用の合計として原告それぞれに約1,173万円の損害賠償の支払いを命じた。

(2) パワーハラスメント6類型の裁判例

1 身体的な攻撃（暴行・傷害）

衣料品販売事件（控訴審）（名古屋高判　平成20年1月29日）

　従業員間の連絡に使う店舗運営日誌に店長Yの業務上の不備を記載したり、店長Yに対して生意気な態度をとったりする部下X（店長代行）に対して店長Yが部下Xの胸倉をつかみ、背部を板壁に3回ほど打ち付けた上、側にあったロッカーに頭部や背部を3回ほど打ち付け、顔面に1回頭突き、首のあたりを両手でつかみ、板壁に頭部、背部等を1回打ち付けた行為につき、違法性は明らかであるとした。（賠償金額約205万円及び弁護士費用）

2 精神的な攻撃（脅迫・名誉棄損・侮辱・ひどい暴言）

M火災保険上司メール叱責事件（控訴審）（東京高判　平成17年4月20日）

　保険会社のサービスセンターに勤務する課長代理Xの業務処理状況が芳しくないため、上司であるサービスセンター所長Yがポイントの大きな赤文字で、Xとその職場の同僚にメールを送信したことについて争った事件。「意欲がない、やる気がないなら会社を辞めるべきだと思います。当職にとっても、会社にとっても損失そのものです。」など、退職勧告とも会社にとって不必要な人間であるとも受け取られるおそれのある表現が盛り込まれており、「あなたの給料で業務職が何人雇えると思いますか。あなたの仕事なら業務職でも数倍の実績を上げますよ。これ以上当職に迷惑をかけないで下さい。」という、人の気持ちを逆撫でする侮辱的言辞と受け取られても仕方のない記載や、赤字でポイントも大きく記載するなどの他の部分ともあいまって、部下Xの名誉感情をいたずらに毀損することは明らかであるとした。その地位に見合った処理件数に到達するよう指導・叱咤、激励する目的は是認できるとしても、その表現としての許容限度を超え、著しく相当性を欠くものであって、不法行為を構成するとし名誉毀損を認める一方、**パワーハラスメントの意図があったとまでは認められないとした。**（慰謝料5万円）

N化学事件（東京地判　平成19年10月15日）

　Y係長の部下Xに対する発言（「存在が目障りだ、いるだけでみんなが迷惑している。お前のカミさんも気がしれん。お願いだから消えてくれ。」、「車のガソリン代が

もったいない。」、「何処へ飛ばされようと俺はXは仕事をしないやつだと言いふらしたる。」、「お前は会社を食い物にしている、給料泥棒。」、「肩にフケがベターとついている。お前病気と違うか。」等）は一般人を基準として、社会通念上、客観的にみると、部下に精神障害を発症させる程度に過剰な心理的負荷を与えていたとして、部下Xの精神障害発症及び自殺につき、業務起因性を認めた。（遺族補償給付の支払いの認容）

海上自衛隊自殺事件（控訴審）（福岡高判　平成20年8月25日）

　海上自衛隊員であったXが、S護衛艦乗艦中に自殺したことについて、
① 上官YのXに対する「お前なんか仕事もできないのに、レンジャーなんかに行けるか。」「お前は三曹だろ。三曹らしい仕事をしろよ。」「お前は覚えが悪いな。」「バカかお前は。三曹失格だ。」などの言辞は、それ自体Xを侮辱し、Xの人格自体を非難・否定したり、下級の者や後輩に対する劣等感を不必要に刺激する不適切なものであり、かつ閉鎖的な艦内で直属の上司であるYから継続的に行われたものであったこと等の状況を考慮すると、Xの心理的負荷を過度に蓄積させる、指導の域を超えるものであって違法であるとした。
② 別の上官ZのXに対する、「ゲジが2人そろっているな。」「百年の孤独要員（Xが自発的に焼酎を持参したことから）」「お前はとろくて仕事ができない。自分の顔に泥を塗るな。」といった発言は、客観的にはZとXが良好な関係にあって、Zが好意をもってXに接しており、平均的な者はそのことを理解できたものと考えられ、かつXもある程度これを理解していたことからすると、親しい上司と部下との間の軽口として許容されるものであり、Xないし平均的な耐性を持つ者に対し、心理的負荷を蓄積させるようなものであったとはいえず、違法性は認められないとした。
③ この事例では、上官らとXの日常の関係が、違法性の判断に大きく影響したと言える。（慰謝料計350万円）

3 人間関係からの切り離し（隔離・仲間外し・無視）

S学園事件（東京高判　平成5年11月12日）

　組合活動家であることを理由に、女性教諭を仕事（授業及びクラス担任その他の校務分掌）の一切から外し、1年近く職員室で他の教員から引き離されて席を配置、その後は4年6ヶ月にわたって1人だけ別室に隔離し、さらに7年近くの長期間にわたって自宅研修をさせ、年度末一時金の支給停止や賃金の据え置き等の差別的取扱いをしたことについて、10年以上の長期間にわたり仕事を与えず勤務時間中一定の場所にいることを強制することは精神的苦役を科する以外の何ものでもなく、また隔離による見せしめ的な処遇は名誉及び信用を著しく侵害するものであるとして違法性を認めた。（慰謝料600万円）

T運輸事件（富山地判　平成17年2月23日）

　大手貨物運送会社の従業員であるXが、会社が他の同業者との間で認可運賃枠内での最高運賃収受や荷主移動（顧客争奪）禁止を内容とするヤミカルテルを締結しているなどと内部告発したところ、会社がこれを理由として長期間にわたりXを昇格させなかったり、Xに不当な異動を命じて個室に隔離した上、雑務に従事させたりなど、Xに対して不利益な取扱いをしたことは、雇用契約上の平等取扱義務、人格尊重義務、配慮義務等に違反する行為として損害賠償を認めた。（慰謝料等約1,357万円）

N配転拒否事件（神戸地判　平成6年11月4日）

　配転命令を拒否した従業員に対して、仕事を取り上げ、電話の受話器を取りにくくするため、わざわざ机の位置を受話器の置かれている場所から遠ざけるようなことをしたり、他の社員から隔離するために管理職の目の前に席を移動して監視するなどの行為を1年近く続けたことは、配転命令は有効であると判断されるが、説得の域を逸脱し、従業員に対する加害の意図をもってなされ、合理的な裁量の範囲を逸脱していることは明らかである、として違法性を認めた。（慰謝料60万円）

4　過大な要求（業務上明らかに不要なことや遂行不可能なことの強制、仕事の妨害）

N土建事件（津地判　平成21年2月19日）

　ZはN社に入社して2ヶ月足らずで作業所に配属されてからは、極めて長時間に及ぶ時間外労働や休日出勤を強いられながらも、一日でも早く仕事を覚えようと仕事に専念してきた。Zの指導に当たっていたCから、今日中に仕事を片付けておけと命じられて、1人遅くまで残業せざるをえない状況になったり、他の作業員らの終わっていない仕事を押しつけられて、仕事のやり方がわからないまま、1人深夜遅くまで残業したり、徹夜で仕事をしたりしていたことに対して、違法な時間外労働及び上司によるパワーハラスメントを放置したものとして、N社の債務不履行責任及び不法行為責任を認めた。（両親に対し慰謝料150万円）

K農協事件（福岡高判　平成21年5月19日）

　11年間給油業務や配達業務に当たっていた職員Zが金融業務へ配置転換された。配転後に設定された定期預金等の年間獲得目標は、就業年数や年齢から他の職員と同様に3億3500万円とされた。4月から7月まで実績が上がらない状況のなか、上司Yから「7月中に5000万円達成しないと年間目標を達成できない」と言われた。営業成績が悪いことについて職場内で相談する相手もなく、ノルマ達成のために身内に生命共済をかけることにしたが、その費用ねん出のため妻が働かざるをえなくなり、子供が寂しい思いをするなど精神的に追い込まれ自殺。

年間目標は目標ではなくノルマであり、Zに課せられたノルマは年齢、能力、経験等からして過大なものであり、業務状況について上司らの支援もなくZの心理的負荷は極めて大きい。配置転換による業務の変化、過大なノルマ、達成のための長時間労働による肉体的疲労が精神障害を増悪させ、自殺に至らせたと認定した。（遺族補償給付等の支払いの認容）

5 過小な要求（業務上の合理性なく、能力や経験とかけ離れた程度の低い仕事を命じることや仕事を与えないこと）

BA事件（東京地判　平成7年12月4日）

　管理職（課長）が会社の新経営方針の推進に積極的に協力しなかったために、オペレーションズテクニシャン（ライン上の指揮監督権を持たない者）への降格、及びその後総務課（受付）への配転をした会社の行為は、中高年管理職を退職に追い込む意図を持って行われた不法行為にあたるかどうかが争われた事案で、総務課の受付は、それまで20代前半の女性契約社員が担当していた業務であり、勤続33年に及び、課長まで経験した者にふさわしい職務であるとは到底いえず、このような措置は、いかに実力主義を重んじる外資系企業にあり、また経営環境が厳しいからといって是認されるものではなく、人格権（名誉）を侵害し、職場内・外で孤立させ、勤労意欲を失わせ、やがて退職に追いやる意図をもってなされたものであり、会社に許された裁量権の範囲を逸脱した違法なものであって不法行為を構成すると判断された。（慰謝料100万円）

6 個の侵害（私的なことに過度に立ち入ること）

D事件（横浜地判　平成2年5月29日）

　従業員Xが、私的に賃借していた建物の明渡しを拒否したことに対し、その建物が取引先の役員から賃借していたものであることから、Xの上司が、人事権、考課権をたてに明渡しを強要したことについて、上司が一定の助言、忠告、説得をすることも一概に許されないものではないが、許された説得の範囲を超えて部下の私的問題に関する自己決定の自由を侵害するものとして、不法行為を構成するとした。（慰謝料30万円）

K電力事件（最三小判　平成7年9月5日）

　K社の従業員であったXらが共産党員又はその同調者であることのみを理由とし、会社がその職制等を通じて、職場の内外でXらを継続的に監視したり、Xらと接触等しないよう他の従業員に働きかけたり、種々の方法を用いてXらを職場で孤立させるなどし、更にXらを尾行したり、ロッカーを無断であけて私物である「民青手帳」の写真撮影をした行為は、不法行為にあたるとして、損害賠償が認められた。（一審判決：慰謝料80万円、弁護士費用10万円）

パワハラを恐れて部下を叱れない上司のための
改訂版 部下育成ハンドブック

2017年11月　初版発行
2020年4月　二版発行
2022年5月　三版発行
2024年7月　四版発行

編集・発行　公益財団法人　21世紀職業財団
　　　　　　〒113-0033　東京都文京区本郷1-33-13
　　　　　　電話　03-5844-1660（代）
　　　　　　https://www.jiwe.or.jp

©2017公益財団法人21世紀職業財団
ISBN978-4-910641-06-5　C2036　¥500E
＊本書の無断複製・転載を禁じます。

ISBN978-4-910641-06-5

C2036 ¥500E

定価550円(本体500円+税10%)

17A03-04